LES JUGES PLÉBÉIENS

DE

LA COLONIE DE NARBONNE

PAR

EDOUARD CUQ

PROFESSEUR À LA FACULTÉ DE DROIT DE BORDEAUX
ANCIEN MEMBRE DE L'ÉCOLE FRANÇAISE DE ROME.

Extrait des Mélanges d'archéologie et d'histoire
publiés par l'École Française de Rome.

ROME
IMPRIMERIE DE LA PAIX
1881

LES JUGES PLÉBÉIENS

DE

LA COLONIE DE NARBONNE

PAR

EDOUARD CUQ

PROFESSEUR À LA FACULTÉ DE DROIT DE BORDEAUX
ANCIEN MEMBRE DE L'ÉCOLE FRANÇAISE DE ROME.

Extrait des MÉLANGES D'ARCHÉOLOGIE ET D'HISTOIRE
publiés par l'École Française de Rome.

ROME
IMPRIMERIE DE LA PAIX
1881

LES JUGES PLÉBÉIENS

DE LA COLONIE DE NARBONNE.

La distinction des fonctions de magistrat et de juge fut pendant longtemps une règle fondamentale de l'organisation judiciaire des Romains. La *jurisdictio* et le *munus judicandi* étaient soigneusement séparés. Le magistrat statuait sur la recevabilité du procès ; l'examen du fond était attribué au juge. Cette division de la procédure avait l'avantage non seulement d'accélérer le jugement des affaires, mais aussi de diminuer les dangers d'une justice partiale. Ignorant le principe de la séparation des pouvoirs, les Romains avaient atténué les inconvénients qui pouvaient résulter de l'étendue des prérogatives accordées à leurs magistrats, en confiant la mission de juger à de simples particuliers institués spécialement pour chaque affaire. C'est l'idée qu'on a reprise chez nous, à la fin du siècle dernier (lois des 16-29 septembre 1791), lorsqu'on a établi le jury en matière criminelle. On a voulu protéger le droit de la défense, et donner à la liberté des citoyens une garantie contre les persécutions du pouvoir exécutif et contre les préventions des magistrats.

Mais tandis qu'en France tout citoyen peut être inscrit sur la liste du jury, à Rome le *munus judicandi* fut pendant plusieurs siècles le monopole des sénateurs. Primitivement leur position sociale parut une garantie d'impartialité ; bientôt cependant les abus se firent sentir. La cupidité des sénateurs, leur connivence avec ceux des accusés qui avaient les moyens d'acheter une sentence d'absolution devinrent scandaleuses. C. Gracchus leur enleva leur antique privilége pour le donner aux chevaliers. Ce ne fut pas pour longtemps : jusqu'à la fin de la République, sénateurs et chevaliers se disputèrent avec des chances diverses le *munus judicandi*. C'est seulement sous Auguste que les *leges Juliae judiciorum publicorum et privatorum* donnèrent aux décuries judiciaires cette organisation qui subsista pendant deux siècles, jusqu'au moment où, les empereurs étant devenus omnipotents, la distinction du *jus* et du *judicium* commença à s'effacer, et l'on constitua une hiérarchie de magistrats placés sous la dépendance absolue du chef de l'Etat (1).

L'organisation établie par les *leges Juliae judiciariae* pour la ville de Rome fut-elle appliquée aux colonies romaines? C'est ce que nous nous proposons de rechercher en nous plaçant uniquement au point de vue de la composition de l'*album judicum*.

Un passage de Suétone nous fait connaître quelle fut à cet égard la principale innovation d'Auguste. " Ad tres judicum decurias quartam addidit ex inferiori censu, quae ducenariorum vocaretur, judicaretque de levioribus summis (*Octave*, cap. 32)." Les trois décuries qu'Auguste trouva établies se composaient : la première, de sénateurs au cens de 800,000 sesterces (ce chiffre fut élevé plus tard à 1,200,000 sesterces, Suétone, *Octave*, cap. 41); la seconde, de chevaliers au cens de 400,000 sesterces; la troisième, de *tribuni aerarii*, au cens de 300,000 sesterces. La quatrième décurie judiciaire, créée par Auguste, fut recrutée parmi les citoyens du cens inférieur, c'est-à-dire 200,000 sesterces. En abaissant le chiffre du cens requis pour figurer sur les listes des juges, Auguste donnait des garanties au peuple et lui assurait une justice plus impartiale, en ne le laissant pas entièrement à la merci des ordres les plus élevés: Τοὺς μὲν δὴ οὖν δυνατοὺς

(1) Cf. mes *Etudes d'épigraphie juridique*, publiées dans la *Bibliothèque des Ecoles françaises d'Athènes et de Rome*, 21ᵉ fasc., p. 121.

μὴ πλεονεκτεῖν τινὰ, dit Mécène à Auguste ; τοῖς δὲ δὴ πολλοῖς ἄμυνε μὲν ἰσχυρῶς ἀδικουμένοις (Dion Cassius, lib. LII, cap. 37). L'augmentation du nombre des décuries rendait aussi moins redoutables la vénalité des juges et leur connivence avec les personnages influents. Ce n'est pas à dire que tout danger fût conjuré. Au second siècle, on s'en préoccupait encore ; Gaius en fait la remarque : " Judiciorum exitum interdum duriorem nobis constitui opposito nobis alio adversario (L. 1 pr., *Dig.* De alienat. jud. mut., lib. IIII, tit. 7). Potentiori pares esse non possumus (L. 3 pr., *eod. tit.*)." Du reste, sous Auguste, la valeur des propriétés augmenta tellement après la conquête d'Alexandrie, que beaucoup de *trecenarii* et de *ducenarii* acquirent le cens des chevaliers. C'est pour cela qu'à la fin de son règne on ne trouve plus que des chevaliers, même dans la quatrième décurie (Orelli, 3877), et c'est sans doute ce qui fait dire à Pline que " divo Augusto decurias ordinante, major pars judicum in ferreo annulo fuerunt (*Hist. nat.*, lib. XXXIII, 7)." Lorsque Caligula créa une cinquième décurie, il la composa vraisemblablement de chevaliers qu'il fit venir même des provinces (Pline, *loc. cit.*; Henzen, 6467, 6468).

L'innovation introduite par Auguste fut-elle étendue aux colonies romaines ? L'attribution du *munus judicandi* aux citoyens des classes inférieures fut-elle un privilége réservé aux habitants de Rome, ou une règle générale appliquée même aux colonies ? Telle est la question que nous avons à examiner.

Poser cette question, semble-t-il, c'est la résoudre. Comment admettre que les empereurs, qui eurent pour principe de prendre leur point d'appui en dehors de Rome, aient refusé aux habitants des colonies une faveur qu'ils accordaient aux Romains ? Cela serait d'autant plus étrange que, même antérieurement à Auguste, l'organisation judiciaire des colonies romaines était analogue à celle de Rome. Une inscription, trouvée à Este en 1880 (*Studi e documenti di storia e diritto*, t. II, p. 5) montre que la distinction des *judices*, *arbitri* et *recuperatores* existait dans les municipes, colonies et préfectures à la fin du VII⁰ siècle de Rome. Les instances devaient y être organisées de la même manière. Le chapitre XCV de la loi coloniale de Genetiva Julia (*Ephem. epigr.*, t. II, p. 223; Ch. Giraud, *Les bronzes d'Osuna*, p. 16) en fournit la preuve en ce qui concerne les *judicia recuperatoria*. Ce qu'il dit du tirage au sort et des récusations des récupérateurs est conforme à ce que nous avait appris la loi agraire de l'an 643 (*Corp. Inscr. Lat.*, t. I, 200, ligne 37). D'autre part nous savons par l'édit d'Auguste relatif à l'aqueduc établi dans la colonie de Venafrum que les règles sur la récusation des récupérateurs étaient conformes à celles de la loi Julia *judiciorum privatorum: Dum reciperatorum rejectio inter eum qui aget et | eum quocum agetur ita fiet [ut lege Julia], quae de judiciis privatis lata est | licebit oportebit* (Henzen, 6428; Wilmanns, 784).

Cependant quelques auteurs soutiennent que l'*album decurionum* servait d'*album judicum* (1). Ils se fondent d'abord sur le chapitre XXVIII de la loi municipale de Salpensa (*Corp. Inscr. Lat.*, t. II, 1963) combiné avec le § 20 du commentaire premier des Institutes de Gaius. Aux termes de la loi Aelia Sentia, l'affranchissement d'un esclave n'était valable, quand le maître était mineur de vingt ans, que s'il y avait une *justa causa*. L'existence de cette *justa causa* devait être établie devant un conseil composé à Rome de cinq sénateurs et de cinq chevaliers romains. A Salpensa il y avait une règle analogue: ...*Dum is qui minor XX annorum erit ita manumittat | si causam manumittendi jus-*

---

(1) Puchta, *Cursus der Institutionen*, t. I⁰ʳ, § 154, p. 445 (8ᵉ éd.); Herzog, *Galliae Narbonensis provinciae historia, descriptio, institutionum expositio*, p. 206, 212. — D'après Savigny (*Geschichte des römischen Rechts im Mittelalter*, t. Iᵉʳ, p. 105, 2ᵉ éd.), les magistrats municipaux jugeaient eux-mêmes avec l'assistance d'un ou de plusieurs décurions. Mais il y a là une simple assertion que rien ne justifie, comme l'a montré Bethmann-Hollweg, t. III, § 138, n. 30.

tam esse is numerus decurionum, per quem | decreta h(ac) l(ege) facta rata sunt, censuerit. On ne fait pas intervenir ici les chevaliers qui, en dehors de Rome, ne constituaient pas un ordre distinct ; et d'autre part c'est la curie tout entière, et non un conseil de dix membres, qui statue sur les *justae causae manumissionis*, sans doute parce que ces cas d'affranchissement se présentaient rarement, et ne rendaient pas nécessaire la création d'une commission spéciale siégeant *certis diebus*.

Mais on ne peut conclure avec certitude de la composition du *consilium manumissionis* à la composition de l'*album judicum*. M. Mommsen, qui a fait le rapprochement des deux listes dans sa dissertation sur le droit municipal de Salpensa et de Malaga, ne présente cette conclusion que sous une forme dubitative (1). On s'explique aisément pourquoi l'on a placé l'affranchissement fait par un mineur de vingt ans sous l'autorité morale de la curie. Il y a ici en jeu une question d'intérêt public. La loi Aelia Sentia qui a servi de modèle au chapitre XXVII de la loi de Salpensa, s'était proposé non seulement de protéger un mineur inexpérimenté contre un acte de faiblesse, mais aussi d'empêcher qu'un caprice de jeune homme ne fît d'un esclave un citoyen.

M. Herzog (*op. cit.*, p. 212) se fonde également sur ce qui a lieu pour la *tutoris datio*. Quand le duumvir n'a pas de collègue, la loi de Salpensa (cap. XXVIIII) l'oblige à consulter la curie. Mais il nous est difficile de comprendre comment la *tutoris datio* peut rentrer dans les *privata judicia*. La *tutoris datio* en effet ne dépend ni de la *jurisdictio* ni de l'*imperium*. Elle n'appartient qu'aux magistrats à qui la loi l'a expressément accordée ; elle ne peut être déléguée (L. 6, § 2, *Dig.*, De tutelis, lib. XXVI, tit. 1 ; L. 8 pr., *Dig.* de tutoribus et curatoribus datis, lib. XXVI,

---

(1) *Die Stadtrechte der lateinischen Gemeinden Salpensa und Malaca*, dans les *Abhandl. der Königl. Sächs. Gesellschaft der Wissenschaften*, t. III, p. 413, n. 17.

tit. 5). Elle ressemble plutôt aux actes de juridiction gracieuse, si ce n'est qu'elle doit avoir lieu *pro tribunali* (L. 7, § 1, *Dig.*, De confirm. tut., lib. XXVI, tit. 3).

Nous ne croyons pas non plus qu'on puisse invoquer le chapitre LXVI de la loi municipale de Malaga (*Corp. Inscr. Lat.*, t. II, 1964) pour affirmer, comme le fait M. Herzog, que les décurions participaient aux *judicia publica*. Ce chapitre ne leur attribue point un rôle analogue à celui des *judices* dans les *quaestiones perpetuae*. Il dit seulement que la curie était le tribunal d'appel compétent pour décider si l'amende infligée par un magistrat était juste. L'appel à la curie remplace ici l'appel au peuple (*provocatio*) qui était précédemment admis. " Cum magistratus judicassit inrogassitve, dit Cicéron (*De legibus*, III, 3, 6), per populum multae, poenae certatio esto. „ Une inscription de Furfo (Orelli, 2488 ; *Corp. Inscr. Lat.*, t. I, 603 ; Wilmanns, 105) dit également : *Sei qui heic sacrum surupuerit, aedilis multatio esto | quanti volet. Idque veicus Furf(ensis) maj(or) pars fifeltares sei apsolvere volent sive condemnare | liceto.* Sous l'empire, ce droit passa au Sénat (Pline, *ep.*, IV, 29) ; mais au temps d'Auguste, il n'en était pas encore ainsi. Une inscription de Todi (*Tuder*) montre qu'ici le peuple était compétent : *populi judicio petere... liceto* (*Corp. Inscr. Lat.*, t. I, 1409) (1).

On a encore invoqué la loi 38, § 10, *Dig.*, De poenis, lib. XXXXVIII, tit. 19, dans laquelle le jurisconsulte Paul dit que " judices pedanei, si pecunia corrupti dicantur, plerumque a praeside aut curia submoventur..., Mais ce texte se réfère à la procédure extraordinaire. Au troisième siècle, les *judices pedanei* étaient des décurions (2).

Quant à la loi coloniale de Genetiva Julia, de l'an 710, elle

---

(1) Cf. Huschke, *Die Multa und das Sacramentum in ihren verschiedenen Anwendungen*, p. 354. — (2) Cf. l'album des décurions de Canusium de l'an 223. Orelli, 3721 ; *Inscr. Neap.*, 635 ; Wilmanns, 1830.

ne fournit aucun éclaircissement sur la question. Il n'y est fait mention que des *judicia recuperatoria*; et, bien qu'on y trouve des renseignements nouveaux sur la procédure devant les récupérateurs, bien que nous sachions maintenant en quoi elle était plus expéditive que la procédure devant les *judices* (les récupérateurs devaient statuer au jour fixé par le magistrat, et au plus tard dans le délai de vingt jours) (1), cependant cette loi, dans la partie qui a été conservée, est muette sur la composition de la liste des récupérateurs.

En résumé, les divers arguments que l'on fait valoir prouvent que la curie avait dans les colonies et dans les municipes des attributions analogues à celles du Sénat de Rome, mais non que les décurions étaient seuls inscrits sur l'*album judicum*.

Cette conclusion nous paraît confirmée par une inscription célèbre du musée de Narbonne (2). Elle nous apprend que les plébéiens de la colonie *Julia Paterna Narbo Martius* se sont voués à perpétuité au culte d'Auguste, et ont fait élever sur le forum un autel, sur lequel, chaque année, à des époques déterminées, trois *equites a plebe* et trois *libertini* devront immoler des victimes : le 9 des calendes d'octobre, jour anniversaire de la naissance d'Auguste : *qua die eum seculi felicitas orbi terrarum rectorem edidit* (23 septembre 689); le 7 des ides de janvier, jour anniversaire de sa première nomination au consulat : *quâ die primum imperium orbis terrarum auspicatus est* (7 janvier 711) ; la veille des calendes de juin (31 mai), parce que, ce jour-là, sous le consulat de T. Statilius Taurus et de M. Aemilius Lepidus (an 11),

---

(1) Cette règle paraît avoir été généralisée dans la suite. Ulpien parle d'un *judex ad tempus datus* (L. 2, § 2, *Dig.*, De judiciis, lib. V, tit. 1), *cui certa tempora. praestit(ut)a erant* (L. 32, *cod.*). On s'explique maintenant d'autant mieux pourquoi les *judicia recuperatoria* étaient *imperio continentia* (Gaius, IV, 105). — (2) Orelli, 2489; Herzog, *op. cit.*, n. 1; Wilmanns, 104.

il a associé aux décurions des juges plébéiens : *Quod ea die T. Statilio Tauro. M° Aemilio Lepido co(n)s(ulibus) judicia plebis decurionibus conjunxit.*

Ainsi, lorsque Auguste eut élargi les cadres des décuries judiciaires en y appelant des citoyens d'un cens inférieur de moitié à celui de l'ordre équestre, il étendit cette mesure aux colonies romaines. Aux instances organisées pardevant des décurions, il joignit des instances organisées pardevant des plébéiens, vraisemblablement des *equites a plebe*. Telle est l'interprétation naturelle de ce passage de l'inscription de Narbonne. Elle est enseignée par deux éminents romanistes: Keller (1) et Bethmann-Hollweg (2). Elle n'a pas cependant rallié tous les suffrages. Déjà en 1857 le savant épigraphiste romain, M. Henzen, émettait incidemment l'avis que le mot *judicia* avait ici une signification spéciale. M. Herzog, dans son histoire de la Gaule Narbonaise, a suivi cette indication, et proposé une explication ingénieuse qui a jeté le doute dans les meilleurs esprits. Faut-il conserver au mot *judicia* son sens technique d'instance judiciaire? Telle est la question à résoudre, et sur laquelle un de nos collègues, M. Lebègue, qui prépare avec M. Allmer un recueil des inscriptions latines du Languedoc, nous a récemment demandé notre avis.

D'après M. Henzen, le mot *judicia* désignerait ici "l'approbation donnée par l'empereur ou par les plébéiens aux élections faites par les autorités municipales, plutôt qu'une confirmation légalement nécessaire (3)." C'est l'opinion qu'il propose, en s'appuyant sur l'autorité de M. Mommsen, dans son explication d'une inscription d'Aricia, où il est dit que Anicius Glabrio Faustus fut

---

(1) *Der römische Civilprocess und die Actionen in summarischer Darstellung*, § 10, p. 41, n. 159 (trad. Capmas). — (2) *Der Civilprozess des gemeinen Rechts in geschichtlicher Entwicklung*, t. II, § 66, n. 33. — (3) *Bullett. dell'Instit. di corrisp. archeolog. di Roma*, 1857, p. 41.

tertio praefectus urbi utriusque imperii judicii(s) sublimitatus, (Wilmanns, 1239). M. Henzen cite à l'appui quelques inscriptions dans lesquelles le mot *judicia* est pris dans un sens analogue. Une inscription de Rome (Orelli, 3672; *Corp. Inscr. Lat.*, t. VI, 1691) est adressée à L. Aradius Valerius Proculus, *judicio sacro per provincias proconsularem et Numidiam Byzacium ac Tripolim itemque Mauretaniam Sitifensem et Caesariensem perfuncto officio praefecturae praetorio*. Une autre inscription de Rome (Orelli, 3161; Wilmanns, 643; *Corp. Inscr. Lat.*, t. VI, 1727) fait l'éloge de Fl. Peregrinus Saturninus, *cui ob testimonium morum integritatis adque justitiae singularis inlustris urbanae praefecturae geminam dignitatem sacro judicio aeterni principes detulerunt*. Une inscription funéraire de Corfinium (*Inscr. Neap.*, 5369; Wilmanns, 2063) parle d'une femme qui a laissé trois enfants: *unum maximis municipii honorib(us) judicio Augusti Caesaris usum*. Enfin on lit dans une inscription de Pompei (*Corp. Inscr. Lat.*, t. IV, 1074; Wilmanns, 1958): *judiciis Augusti Augustae feliciter. Nobis salvis felices sumus perpetuo.* (Cf. un *electus judicio sacro ad [census] accept(andos) per prov(inciam) Velgicam*, Henzen, 6512, Wilmanns, 1219 a; et une inscription du temps de Gratien, Valentinien et Théodose: *duplici ex more condito decreto dicationem statuae majora judicia confirmarunt. Corp. Inscr. Lat.*, t. VIII, 1296.)

Nous regrettons vivement de nous séparer sur ce point d'un maître éminent, aux leçons de qui nous sommes si redevable; mais nous ne pouvons nous empêcher de faire remarquer que toutes ces inscriptions sont d'une époque postérieure à celle de Narbonne. Elles sont pour la plupart de la fin du quatrième ou du commencement du cinquième siècle. Puis il ne nous paraît pas démontré que le mot *judicium* ait ici le sens d'approbation. L'expression *judicia Augusti*, *judicium sacrum*, désigne une décision prise par l'empereur. Cela ressort avec évidence du rapprochement de l'inscription de Corfinium avec la loi 3, *Dig.*, De albo scribendo, lib. I, tit. 3, dans laquelle Ulpien s'exprime ainsi : " In albo decurionum in municipio nomina ante scribi oportet eorum qui dignitates *principis judicio* consecuti sunt, postea eorum qui tantum municipalibus honoribus functi sunt. „ Cette signification du mot *judicium* se retrouve dans une autre expression que les jurisconsultes romains emploient volontiers pour désigner l'acte suprême par lequel un citoyen dispose de ses biens pour le temps où il ne sera plus : *supremum judicium*, dit Ulpien (L. 20, § 3, *Dig.*, Familiae erciscundae, lib. X, tit. 2); *judicium defuncti, judicium testatoris*, dit Paul (L. 19, *Dig.*, De inofficioso testamento, lib. V, tit. 2; L. 6, § 1, *Dig.*, De legatis 3º, lib. XXXII). Il est facile de justifier l'emploi du mot *judicium* avec cette signification spéciale ; la décision prise par l'empereur ou par le testateur a la même force que celle qui émane du juge. Cela n'est pas douteux pour le *judicium sacrum* (Gaius, I, 5); et quant au *judicium defuncti*, la loi des Douze Tables dit : " Uti legassit suae rei, ita jus esto (Gaius, II, 224)., Dans les deux cas, il ne s'agit pas d'une simple approbation, mais d'une décision souveraine.

D'ailleurs, même en donnant au mot *judicia* le sens indiqué par M. Henzen, il est difficile de concevoir les rôles respectifs de l'empereur et de la plèbe. Le savant auteur suppose une élection faite par les décurions. Il fait sans doute allusion au cas où, à défaut de duumvir, on nommait un *praefectus jure dicundo*, en vertu de la loi Petronia. Mais dans ce cas l'élection était l'œuvre exclusive de la curie. Ni l'approbation de la plèbe, ni celle de l'empereur n'étaient requises. On ne voit donc pas quel serait le but de leur intervention. Aussi ce sont d'autres raisons qui ont déterminé M. Herzog à expliquer le mot *judicia* comme M. Henzen, bien qu'il donne à la phrase un sens différent.

Et d'abord l'argument déduit des inscriptions que nous avons rapportées ne lui paraît pas probant, car il ne le fait pas valoir. Ce qui le décide, c'est un texte du code Théodosien (c. 171, De decurionibus, lib. XII, tit. 1). Dans cette constitution de l'an 409, Honorius et Théodose disent à propos de l'élection des *principales* de la Gaule : *consensu curiae eligendos esse censemus qui, contemplatione actuum, omnium possint respondere judicio.* M. Herzog traduit en rattachant *omnium* à *actuum :* nous pensons que la curie doit choisir des hommes que l'on puisse supposer, en considérant l'ensemble de leurs actes, devoir répondre au choix qu'on en fait. Et il ajoute : " quo loco aperte quod judicium dicitur, judicium est creantium." Mais on sait qu'à cette époque, et depuis longtemps déjà, les magistrats municipaux étaient nommés par la curie, et non dans les comices. On ne voit donc pas quel parti on peut tirer d'une décision qui se réfère au cinquième siècle pour résoudre une question qui s'est posée l'an 11 de notre ère. Aussi M. Herzog, prévoyant l'objection, a essayé d'expliquer comment les décurions et les plébéiens ont pu être divisés à l'occasion de l'élection des magistrats. Voici de quelle manière, à son avis, la curie exerçait une influence sur les élections. On sait que les candidats étaient tenus de se faire connaître (*professio*) au magistrat qui devait présider les comices et de requérir leur inscription sur la liste qu'il était chargé de dresser (*Lex Malacitana*, cap. LI). Supposez que le nom d'un candidat agréable aux plébéiens soit écarté par le magistrat sur l'avis de la curie : voilà aussitôt un conflit entre l'*ordo* et la *plebs*.

Si cette conjecture était exacte, si l'acte d'Auguste avait eu pour effet de *pacem municipii restituere* (*op. cit.*, p. 109), on ne comprendrait pas pourquoi les plébéiens de Narbonne se seraient consacrés à perpétuité au culte d'Auguste, le désaccord qui avait troublé la tranquillité du municipe étant de nature à se renouveler à chaque élection. Mais nous ne croyons pas que le président des comices ait eu un pouvoir discrétionnaire pour accueillir ou rejeter les noms des candidats suivant le bon plaisir de la curie. Tous les documents que nous possédons prouvent que le rôle du président consistait à vérifier si celui *qui profitebatur* remplissait les conditions voulues pour être éligible: s'il était ingénu, âgé de vingt-cinq ans, s'il avait exercé la même charge depuis moins de cinq ans (*Lex Malacitana*, cap. LIV), s'il était dans un des cas limitativement prévus par le chapitre VIII de la loi *Julia municipalis* (Cf. *Lex coloniae Genetivae Juliae*, cap. XCI, CI, CV).

C'est en vain que M. Herzog invoque, pour démontrer l'influence de la curie sur les élections, un passage de Tite Live (lib. XXXVIIII, cap. 39). A l'époque où se place le récit de l'historien, en l'an de Rome 570, l'inscription sur la liste officielle des candidats n'était pas obligatoire. Ce qui le prouve, c'est que le Sénat, redoutant de voir nommer préteur Fulvius malgré l'opposition du consul, jugea prudent d'ajourner les comices en déclarant que le nombre des préteurs était suffisant.

Cependant M. Herzog croit trouver la preuve de la possibilité d'un désaccord entre la curie et la plèbe, quant à l'élection des magistrats, dans une inscription de Pise en l'honneur de Caius Caesar, petit-fils d'Auguste (Orelli, 643; Wilmanns, 883): *Cum in colonia nostra*, est-il dit, *propter contentiones candidatoru[m m]agistratus non essent...* Mais cette inscription n'attribue point à un désaccord entre la curie et la plèbe la cause du défaut de magistrats; c'est aux candidats eux-mêmes que l'on s'en prend: *propter contentiones candidatorum*. Tel est l'avis de Noris dans son commentaire sur les *Cenotaphia Pisana* (p. 47): " Memoratas in Pisana colonia contentiones candidatorum ambitioni deputandas arbitror (1)." La bonne harmonie existait si bien entre décurions

---

(1) *Cenotaphia Pisana Caii et Lucii Caesarum, dissertationibus illustrata*, Venetiis, 1681.

et plébéiens, qu'ils prirent ensemble les résolutions importantes relatées dans l'inscription. Cela est d'autant plus remarquable que la réunion des comices devait avoir eu lieu peu de temps auparavant; la curie en effet n'avait pas encore nommé de *praefecti* pour remplir provisoirement les fonctions de magistrats: *Quando eo cásù in colonia neque II vir(i) neque praefecti er[ant]: neque quisquam jure dicundo praerat.*

Enfin l'argument que M. Herzog tire d'un passage de Velleius Paterculus est encore moins décisif. Cet historien montre Tibère rentrant à Rome en triomphateur " cum res Galliarum maximae molis, accensasque plebis Viennensium dissensiones, coercitione magis quam poena mollisset (lib. II, cap. 121). „ Mais qu'est-ce qui avait provoqué ces dissensions parmi les plébéiens? Velleius Paterculus ne le dit pas, et l'on ne peut se servir d'un texte pour résoudre une question controversée tant qu'il n'est pas démontré qu'il s'y applique.

Telles sont les raisons pour lesquelles nous ne croyons pas devoir accueillir l'interprétation de M. Herzog. Nous n'ajouterons qu'une observation. Une inscription destinée à rappeler à la postérité le souvenir de l'acte d'Auguste devait avoir un sens clair pour tout le monde. Il n'est pas admissible qu'on ait employé un mot tout-à-fait vague pour motiver des sacrifices à faire chaque année à perpétuité en l'honneur d'Auguste. Or tel serait le cas de notre inscription, si l'on adoptait l'opinion de M. Herzog. La cause du désaccord qui exista d'après lui entre l'*ordo* et la *plebs* ne ressort nullement de l'inscription. Il faut la suppléer par voie de conjecture. C'est pour cela que la grande majorité des auteurs donne au mot *judicia* le sens technique d'instance. Il n'y a de divergence entre eux que sur le sens de la *conjunctio*.

D'après Orelli (2489), Auguste aurait attribué la dignité de décurion aux juges qui autrefois faisaient partie de la plèbe:

" Judices, plebis olim partem, decurionatus honore dignatus est, vel in amplissimum Ordinem Decurionum transtulit, allegit. „ Mais il n'y aurait pas là une mesure d'une portée générale, de nature à décider tous les plébéiens à se consacrer à perpétuité à la divinité d'Auguste. Ce serait une distinction personnelle qui ne pourrait toucher qu'un petit nombre de plébéiens. Comment croire d'ailleurs que, dans les colonies organisées sur le modèle de Rome, on ait suivi un système aussi différent quant à l'attribution du *munus judicandi ?* Comme les sénateurs à Rome, c'étaient en principe les décurions qui devaient en être investis.

Rudorff (1) adopte une opinion qui est à peu près l'inverse de la précédente. Il estime qu'Auguste rendit aux décurions le droit de juger qui avait été temporairement confié aux plébéiens. Cette manière de voir échappe au reproche que nous avons adressé à celle d'Orelli ; mais elle donne prise à une critique tout aussi grave. Il est impossible de croire que les plébéiens se soient réjouis de se voir enlever le *munus judicandi*. Ce seraient bien plutôt les décurions qui auraient dû féliciter Auguste, s'il leur avait restitué un droit qui leur avait jadis appartenu.

Il nous reste à examiner une objection présentée contre l'opinion que nous défendons. " Collatis veterum scriptorum locis, qui de albo judicum agunt, dit M. Herzog, numquam invenimus judicandi munus sive nomina in albo judicum recepta appellari judicia apposito casu genitivo. „ Et il cite à l'appui quelques passages de divers auteurs. " Judicia ad senatum translata sunt „ dit Cicéron (*In Verr.* I, 13, 37). " Judicandi munus, quod C. Gracchus ereptum senatui ad equites, Sulla ab illis ad senatum transtulerant, aequaliter inter utrumque partitus est, „ dit Velleius Paterculus (lib. II, cap. 32). " Senatui judicia tradidit...... Quanquam equites judicia recuperaverunt, „ dit aussi Tacite (*Annales*, lib. XI,

---

(1) *Römische Rechtsgeschichte*, t. II, § 10. n. 11.

cap. 22). Enfin Suétone (*Caes.* cap. 41): " Judicia ad duo genera judicum redegit equestris ordinis et senatorii. „

Cette objection ne saurait nous toucher. Ce n'est pas dans le sens de *munus judicandi* ni d'*album judicum* que nous prenons le mot *judicia*, mais dans celui d'instance. L'expression *judicia plebis* désigne les instances organisées devant des juges plébéiens. De même, lorsque Tite Live (lib. XXXVIIII, cap. 40) dit que Caton, âgé de quatre-vingt-dix ans, *Galbam ad populi adduxit judicium*, cela signifie que Caton fit comparaître Galba dans une instance qui eut le peuple pour juge. Nous avons vu un autre exemple du mot *judicium* suivi du génitif dans l'inscription de Todi que nous avons précédemment citée: [*Si quis quid adversus hanc rogationem egerit fecerit*] *sciens d(olo) m(alo), ei multa esto sestertium* [$\overline{X}$] *eiusque pecuni*[*ae qui volet magistratus petitio esto... eamque pecuniam vel*] *populi judicio petere vel in sacrum judicare licet*(*o*). L'expression *populi judicium* se trouve également dans ce fragment d'inscription: [*Quod quisque*] *adversus h*(*anc*) [*legem fecerit sciens dolo malo, ei multa esto sestertium..... ejusque pecuniae*] *qui volet actio esto..... eamque pecuniam vel*] *populi judicio* [*petere vel in sacrum judicare liceto*]. (*Corp. Inscr. lat.*, t. I, 1502). Ces exemples répondent suffisamment à l'objection proposée.

Nous concluons en conséquence au maintien de l'opinion d'après laquelle, à partir d'Auguste, les plébéiens de la colonie de Narbonne ont été admis à participer aux *judicia* concurremment avec les décurions ; et nous sommes porté à croire qu'il en fut de même dans toutes les colonies romaines.

Edouard Cuq.